꿈길

국립중앙도서관 출판예정도서목록(CIP)

꿈길 : 김현식 시집 / 지은이: 김현식. -- 대전 : 지혜 : 애지, 2016
p. ; cm. -- (지혜사랑 ; 155)

ISBN 979-11-5728-205-0 03810 : ₩9000

한국 현대시[韓國現代詩]

811.7-KDC6
895.715-DDC23 CIP2016023004

지혜사랑 155

꿈길

김현식

지혜

시인의 말

무슨 할 말이 그리도 많은지

그래서 말하기 어려운

아니, 말할 수 없는

그래서 꼭꼭 묻어 두어야 할

말, 말, 말들……

2016년 여름
김현식

차례

2부

3부

4부

• 일러두기
한 연이 첫 번째 행에서 시작될 때는 > 로 표시합니다.

1부

소금

추억의 바다에는
헤아릴 수 없이 많은 물질이
중세 암흑시대 은둔자의 전설처럼 녹아 있다
필수 미네랄부터 치명적인 독소까지

타들어가는 정열의 막다른 사막에
노출된
쓰고 짜고 아픈 기억의 결정이다

눈이 아려 오도록 쌓이는 것

끄집어 내면 낼수록
함께 시디 신
외로움의 알갱이

꿈길

내가 가는 모든 길은
꿈길

진찰실로 가고 있다
병실로 가고 있다
꿈길로 가고 있다

태연하고 전혀 상관치 않는
가로수들이 졸고 있는
국도를 간다 지방도를 간다
꿈길을 간다

언덕 위에 꼬막집이 있는
조용한 시골길을 간다
소박한 식사를 할 수 있는
할매식당이 있는 시골길을 간다
꿈길을 간다

인생의 도반과 함께 가는 길은
모두 꿈길

처음 가보는 길도

가끔 다니는 길도
자주 다니는 길도
모두 꿈길이 된다

요사이 새로운 꿈길이
하나 더 생겼다
학생 때 헤어진 후 아직까지 만나지도
못한 옛 친구를 찾아가는 길이다

그리운 친구들

김병현, 지금 어디에서 무얼 하고 있을까 초등학교
4학년 6반 2인용 책상에 나란히 같이 앉았던
순박하고 마음 좋았던 친구, 점심시간이면 나는
그의 도시락 반찬 묵은 김치를 좋아했다
한여름에도 새콤하면서도 시디 신 묵은지는 바로
그의 따뜻한 마음씨였다 5학년으로 올라간
후에는 다시 보지 못했다 정말 보고 싶은 친구다

강대석, 아마 초등학교 5학년 7반이었으리라
하교 때는 자주 같이 가곤 했다 가는 길에는
미니골프장이 있어 우리에겐 신기한 구경거리가 되곤 하였다
그러다 2학기 때 그는 부모님을 따라 대구로
전학을 갔다 그후로 다시 보지 못했지만 지금까지도
궁금하고 그립다

도반

종종걸음의
그 사람

종종걸음에
세월을 잊고

꿈속에서도
종종걸음을 치는
그 사람

종종걸음 사이로
기쁨과 슬픔이 새어 나오고

세파의 충격에 가끔
흔들리기도 하지만

종종걸음으로
꿈을 빚는
그 사람

사라진 번호

아내를 따라 회기동에 사는 그의 친구를 찾아갔네
혼자 계시던 어머니, 외국으로 출타중이라 하시네

화순에 계시는 작은 할아버지 댁을 찾아갔네
댐이 생기는 바람에 마을은 이미 수몰된지 오래 되었네

오랜만에 시골 고모를 찾아갔네 반갑게 들어선 옛집
낯선 사람이 나와 얼마 전 동구밖으로 이사하셨다 하네

휴대폰도 없고 유선전화도 흔하지 않던
아무 때나 찾아가도 설레고 서로 반갑던 시절이었네

불현듯 떠오르는 친구한테 전화를 하였네
지금 사용하신 번호는 결번입니다
차갑고 먼 메아리만 돌아왔네

정성 들여 보낸 나의 시집, 이사했다고
수취인불명이라고 반송되어 왔네

마음 닦아 보면 황톳빛 이야기 가득 여물어 있고
설렘의 뚜껑은 기대감만큼이나 묵직하였건만
먼지 쌓인 빈 항아리에서는
긴 세월 방치된 공허한 소리만 울렸네

흑산도 홍어

숯처럼 타들어 가는 깊은 인고의 그물
뼈아프게 녹아내리는 핏빛 진액

레이더에도 포착되지 않는 스텔스 전투기 한 대
아무도 눈치채지 못하게 날아 오더니
두엄 속으로 깊숙이 처박혔다
퇴비 쌓던 아버지 전혀 깨닫지 못한 채로
몇날 며칠을 푸욱 썩었다
지독한 시취屍臭에 코를 막고 돌아가던
어느 날
수상히 여긴 아버지 두엄더미를 파헤쳤다
숨어 있던 황홀한 썩은 홍어 한 마리
끄집어 냈다 할아버지가 몰래 감춰 둔

실수로 썩은 차가 홍차가 되어
대영제국의 찬란한 문화를 이루었고
실수로 썩은 홍어가 집안의 큰 잔칫상에나 오르는
지존의 흑산도 홍어가 되었다

온 몸뚱이 구석구석 문드러지고 덧나는
푸른 산야의 신음소리가 처마끝 풍경을 울린다

>

대저 얼마를 더 썩어야
그윽하고 아릿한 향기를 쏘게 될까

모딜리아니의 여인

부모는
하늘

인생의 도반은
운명의 조화

자식은
어찌할 수 없는
존재론적 선물

풀만 뜯다가 언젠가
혼자가 된 사슴,
분골쇄신 새끼 양육
향수마저 잃었다
슬픔이 길어진
모딜리아니의
여인

질그릇

너는 약한 질그릇

작은 흔들림에도 쉽게 부스러지는

너를 휘감고 있는 것은

나팔꽃 줄기처럼 부드러운 사랑의 넝쿨

여린 촉수의 미세한

떨림에도 크게 진동하는

찰흙 입자의 위험한 파동

너는 무른 질그릇

바람의 가벼운 웃음소리에도

속으로 아픈 금이 가는

너는 상傷한 질그릇

사미인곡思美人曲

알아보지 못하였네
어느 날 갑자기 나타난 그를
세월에 묻혀 왜소해진 그를
알아차리지 못하였네
예고없이 내 앞으로 성큼
다가서는 사람,
이상한 사람이라 여겼네
원래 사람기억을 잘 못해
어디에선가
스쳐간 사람이리라 여겼네,
태산이, 준령이,
동네 야산이 되어 서 있었네
인고의 세월이 깎아내린
무수한 파편들이
돌무덤처럼 쌓였네

에로스의 귀향

너는 플라토닉 러브의 찬미자였지 설렘에 떨었고 몇 킬로미터나 되는 긴 줄도 마치 망부석이라도 된 듯 즐거운 마음으로 기다렸지 아마도 그때까지였을거야 너는 뻗어 나가는 사랑의 줄기를 따라 끝 모를 여행을 시작했어 여신이 멀어져 갈 때 짝사랑의 슬픔에 빠져 들었고 존재도 왜소해져 갔지 때때로 너를 샤를롯테를 사랑하다 세상을 버린 베르테르에 오버랩 시키곤 했어 실업자와 외톨이가 되는 비운을 겪기도 했지 도도히 흐르는 강 하구 둑에 앉아 멍하니 하루를 보내기도 했고 동면에 든 곰처럼 어둡고 축축한 지하방 구석에 숨어 까닭 모를 설움과 절망에 빠져 한동안 새카만 은둔자가 되기도 했어 사실은 공식인 거야 거기까지는 너는 자존심의 갈퀴를 꺾고 또 꺾으면서 사랑의 상형문자해독에 침잠했어 심한 성장통으로 실신할 지경이었지만 아가페의 진정성을 쓰레기통에 구겨 넣으면서도 그가 생각나면 활짝 눈을 씻어 불타는 지평선을 달리기도 했지 아름다운 곡들이 그때 희망처럼 탄생하곤 했어 여린 너는 모름지기 인내의 난을 가꾸고 있었던 거야 그의 짐이 될까 두려웠지 사랑은 움츠린 자유가 아니라 자유에 날개를 다는 것이라는 믿음이 강했던 거야 그는 아름다운 숲의 요정이 되어 평화롭게 살고 있어 먼 세상을 방황하다 돌아온 너는 이제 행복한 숲지기가 되었어 자, 너희들, 그가 뿜어대는 피톤치드 흠뻑 들이켜 보지 않을래

제동장치

결코 고장이라는 단어를 모르는
정거장도 없는
출발역도 종착역도 없는
열차는 달린다

제동장치가 고장난 유구한 열차에
그들은 무한한 노력을 쏟아가며
제동장치를 수리해 보려 했으나
새로운 장치를 개발해 보려 했으나
처참하게 실패했다

그리고는
그것만큼은 불가능하다는
깨달음을 얻었다

탈출하는 방법은 오로지
그냥 뛰어내리는 것 뿐이었다

그러나 거기에는 엄청난
위험성이 내재해 있었다

삶의 가치의 상실이었다

>

이 치명적인 부작용을 망각한 인간이
오늘도 뛰어 내렸다

한가위

멈췄던 시간이 기지개를 켜고
눈을 뜨는 꿈길이다

폐활량을 늘리기 위해 끌고 나갔던
언제 튀어 나갈지 모르는
잠수의 세월을 가늠한다

한가위 보름달은 항상
쓸쓸함의 면사포를 쓰고 온다
그리고는 곧 쌀쌀해진다

둥굶은 기우는 것

분수를 지켜나가야 하는
본분을 기억해 낸다 새롭게 한다
분수를……

우화

혁명적이다

번데기의 명상은
악몽처럼
지루하다

변화는 힘들다

거칠고 메마른 바닥을
오랫동안
애벌레로 기는 것보다
훨씬 어렵다

진화의 역습

집게벌레는
알에서 부화한 새끼들이
어미의 몸을 먹으며 성장한다

어느 진화된 종족의 자식들은
부모의 속을 갉아 먹으며 자란다
한 세월이 지난 후에는
초라한 껍데기만이 유산으로 남는다

그게 자연이고
숭고한 사랑이랬나

진화의 산물이 괴물은 아닐까
비극의 노래가 들려온다

육체를 갉아 먹던
탐욕스런 벌레들이 이제는
영혼의 단물을 빨고 있다

그 종족의 젊은이들은 더 이상
아이를 갖지 않기로 했다

쉼표

큰 쉼표 하나
찍혀 있었다

검문소를 통과하고도
한참을 걸어들어 간 곳

하늘도 땅도
몇채 있는 집들도
함께
커다란 쉼표를 만들며
고요를 연주하고 있었다

건반을 떠난 손가락이
잠깐 무음을 연주하듯

쉼의 레일위를 달려가는
역동성의 숨결

큰 쉼표 하나
그려져 있었다

더 큰 쉼표 하나
그리고 왔다

명태

하늘을 나는 성이 있지만 하늘을 나는 어선도 있다 이제 동해에서는 명태를 잡을 수 없다 아무것도 모르는 치어들까지 몽땅 쓸어가 버렸기 때문이다 몇 날 몇 일을 헤매도 빈 어선에는 고적한 물방울만 흩날릴 뿐이다 가벼워진 선체가 어찌할 수 없어 둥둥 뜨더니 하늘로 올랐다 공허한 허공을 표류하다 인간들이 우글거리는 대도시로 내려왔나 저인망을 풀어 놓았나 거대병원에 크고 작은 물고기들을 모두 쏟아 놓는다 순진무구한 치어들까지 멀뚱멀뚱 잡혀 왔다 더 이상 동해바다에는 명태가 없다 저 식탁에 올라온 명태는 러시아산이다

아버지의 등

슬픔의 맨얼굴을
무거운 등으로 가리고
삶의 크레바스를 뛰어넘는
아버지의 혼란스러운 상념은
한 줄기
땀으로 요약된다

어린 나무를 키워내기 위한
무거운 슬픔이
쩌억 갈라진 바위틈새로
스며들어 한백년
침묵의 염주를 엮는다

깊은 골짜기를 흐르는
진한 땀방울은
빙저의 호수가 된다

창세부터 연명해 온
외로운 미물들이 숨어숨어
뒷걸음치듯 헤엄치는

약속

- 어머니, 제가 어머니의 자식이어서 정말 행복했습니다 저는
  어머니의 아들로 태어난 것이 무척 자랑스럽습니다
- 나도 그렇단다 너를 내 자식으로 갖게 된 게
  얼마나 큰 축복인지 모른단다 정말 고맙구나
- 어머니, 제가 다음 세상에서 다시 태어난다면
  또 어머니의 아들이 되고 싶습니다 또 받아 주실거죠
  꼭 그렇게 약속해 주십시오
- 그러마 나도 꼭 네가 다시 내 아들로 태어나기를 바란단다
  그러한 복을 다시 누리기를 하느님께 기도하겠다
- 감사합니다 어머니

상호와 어머니는 새끼 손가락을 꼬옥 끼고
행복한 미소를 나누었다

재곤이는 마을 어귀에서 애들과 어울려 놀고 있었다
그들은 서로 여러 가지 자랑거리를 늘어 놓으며
계속 자랑 이어가기를 하고 있었다
갑자기 자랑거리가 떨어진 재곤이는 잠깐 생각에 잠기더니
"우리 엄마가 하얀 머리가 제일 많아"하고 자랑하였다
"하얀 머리가 많으면 빨리 죽는데"하고 애들이 놀렸다
놀란 재곤이는 부리나케 엄마한테 달려가서
"엄마, 하얀 머리가 많으면 빨리 죽는다는데 정말이야?"하고 물었다
엄마는 아무 말도 안 하시고 재곤이를 꼬옥 안아 주셨다

그리운 길, 외로운 길

끝없이 풀어져 있는

외로운 길

당신과 다니던

그리운 길

아련한 그리움이
해거름녘 연기처럼
크게 피어날수록

더욱 아려오는

외로운 길

그리운 길

구불구불 왕복 2차로의 국도와
지방도는 자동차 전용도로와 고속도로에
밀려 이면도로 또는 사잇길이
되었다 갖가지 사연과 추억을 꼬옥
껴안은 채

신용사회

신용사회의 환상은 종이 위에서 깨진다

종이 위에서 춤추는 펜대가 바쁘다

갈수록 두꺼워지는 서류뭉치

신용사회는 종이사회로 전락한다

신용이라는 명분은 화려하고 눈부시다

신용은 좀비 신용으로 둔갑하고

믿는 것은 종이 뭉치 외에는 없다

인생 대학원

늦게나마 인생대학을 졸업하고
인생대학원에 입학하였다
어렵게 받은 수료증을 고이 모셔놓고
어렵다고 소문난 인생대학원에
도전장을 던진 것이다
새로운 커리큘럼과 전혀 다른 모습의
교수들은 새로운 세계에 대한 교육을 위해
미리 대기하고 있는 듯 했다
항상 보아오던 캠퍼스였지만
투명하고 만질 수 없는 울타리가
둘러져 있다는 것을 까맣게 모르고 있었다
울타리를 넘어 온 사람만이 깨달을 수 있는
다른 모습들, 다른 삶의 프로그램들,
구태의연한 학부생활을 마감하고
어렵지만 개원이라는 새로운 인생대학원에
입학한 감회를 어찌 말로 표현할 수
있겠는가

2부

사랑은 기다리네

이정표가 보이니
다 왔다 싶은데

이제 놓아 버리니까
편안해지네

부정과 회의의 창이
180도 휘어지네

사랑은 모든 것을
수용하고

시야는 넓어지네

천일염天日鹽

썰물이 펼쳐 놓은 아득한 개펄
음험한 지하세계의 음모처럼 숨어든 정적
건조한 개펄의 표피를 뚫고 게들이
몸을 사린다

검게 타버린 사막처럼 눈이 아려 오는
지하감옥에 생매장된 반역자의 긴
한숨처럼 뜨겁게 타들어 가는
날카로운 사각四의 동통,

호모 사피엔스를 지배해 온 수천 년의 역사
한때 눈부신 사금가루를 모래처럼
뿌려 왔다

태양을 향해 엎드린 끊임없는 백팔 배
목마르게 추근거리는 바다 바람의
지칠 줄 모르는 처절한 구애
하늘을 익혀 먹고 대지를 불태워 삼키던
태양마차가 미증유의 빛을 발하던
날,
반짝이는 사리 한줌 남기고 홀연히
떠났다

미명

너는 보고 있느냐
신비로운 미명의 세계를
밤새 뒤척이다 꼬박 날을 샌 사람도
아주 일찍 일어나 어둠을 배웅하는 사람도
그저 새벽이 좋아 새벽을 기다렸던 사람도
신비로운 미명의 정적과 희망처럼 반짝이는
어둠 속 불빛과 외로운 가로등과
언덕위의 꼬막집들에서
새 나오는 수선한 빛들의 속삭임이
희망을 얘기하고 있지 않느냐
곧 모든 것이 드러나 사라지고 말 신들의 몸짓과
고요의 속삭임
생명의 촉수를 간질이는 밤의 요정들,
너는 보고 있느냐
고독하게 총명하게 빛나고 있는 적막 속의
빛의 요정을,
어둠의 장막을 열고 희망의 웃음을 선사해 줄
미명의 선물을, 곧 사라지고 말
신비로운 불꽃들이 보이지 않느냐
아, 이들이 모두 사라지기 전에 나는
들어가련다 고독과 침묵의 세계로
무겁지 않은 샤갈과 모차르트의 세계로

기다려지는 것보다 어서 지나가길 바라는 것이
훨씬 많은 일정표를 뒤로 하고

옹달샘

눈물, 눈물, 눈물, 그리고
또 눈물, 세상에 이보다 더 강력한
무기가 또 있을까

사랑이란 말만큼이나
식상한 내음새가 오감을 간질이고 지나간다

과하면 청승의 껍질만큼이나 가벼워지는 클리셰
반대쪽으로 무게중심을 기울여본다

언덕 너머 반대쪽 길을 더듬어
환한 옹달샘을 찾아보고 싶은 것이다
눈물샘을 떠나 눈물 의존성에서 벗어나

혹시 행복과 눈물의 방정식에 대해
알고 계시나요

비밀

머리카락으로 가린 이마는
비밀의 정글이다

패션으로 치부되다가
개성으로 간주되다가

항상 같은 판박이 모습에
구태의 지루함이 휘감고 돈다

비밀에 대한 호기심이
정체의 물웅덩이가 되어
부패하기 시작한다

미늘

죽순처럼
창백하게 뻗어가던
무지의 자유
관심 밖의 평화였을까

저 너른 바다도 대륙으로 막혀 있고
저 거대한 육지도 바다로 둘러싸인
한낱 섬에 불과하거늘

인생의 길에 차선이 있던가요

선이 없다는 것은 되레 셀 수 없이
많은 선들의 얽힘과 방임의 옥죄임

그래서 폐선박처럼
떠다니고 있는 건 아닌가요
무겁게 얽혀버린 닻을 걸머진 채

미늘의 존재를 망각한 당신
자신만만한 출사표를 던진다

보이지 않는 무수한 선들의

날카로운 촉수
미늘은 도처에 널려 있는
세이렌이 뱉어 내는

연민

아라크네의 투명 그물
파리지옥처럼 벗어날 길은 없다
정체를 알 수 없는 벌레가 살갗을 파고 드는
소름끼치는 캄캄한 공포
무방비 상태의 고요한 벽을 꿰뚫고
머언 과거 속으로 낙뢰처럼 내리꽂히는
어두운 화살,

언제까지나 신인神人이기를 바랐다

아직도 궤멸되지 않은 악의 패잔병들
음습한 증오의 골짜기에 숨어 있는
외눈박이 거인들의 거친 포효

인간의 선악은
고고呱呱이후 만들어지는 것이다

엄폐물 속의 미움이 정적靜寂의 보호색을 하고
아나콘다처럼 날름거릴 때에는
어딘가에 숨죽이고 가라앉아 있을
둥근 돌을 찾아 내라 웅크린
사도세자 뒤주 속 바위 틈 사이에

질식 직전의 어린 양처럼
간혀 있을
잘 닦인 돌을

히말라야 빙벽에는 멍든 백골이 묻혀 있다

천사와 그늘

잔잔한 평화와 기쁨을 가져다주는
천사가 보고 싶은가
먹때알 눈을 감고 세상 위를 유영하는
아가 모습을 들여다 보아라

가슴 시린 아련한 추억의 골짜기를 지나
눈가의 주름 같은 연민의 산을 넘어서
굵어진 뼈마디와 거칠어진 손으로
인내와 사랑의 강을 노 젓고 있는
파란만장한 생의 그늘을 엿보고 싶은가
고단한 삶의 틈바구니를 벗어나 잠시
멀리 흘러가버린 흰 구름의 전설을 기억해내고 있는
아내의 잠든 얼굴을 들여다 보아라

숯

이렇듯
그리움이 희망일 줄은 몰랐습니다
이렇듯
그리움이 즐거움일 줄은 몰랐습니다

봄바람에 생긋 새싹 돋아나듯
그것은 法悅,
삶은 이렇듯
은은한 미소를 가져다 주는
찰랑대는 물결과도 같은 것임을 미처
몰랐습니다

나는 아직 아주 타버린 재는 아니군요
아직도 탈 수 있는 숯,
잘 구워진 참숯일 수도 있군요 문득
은사님의 숯 이야기가
떠올랐습니다
졸업한 지 30년 만에 재회한 선생님은
이미 중년을 넘은 제자들에게
말씀하셨습니다
우리가 잘 구워진 숯이 되어가고 있는가를
곰곰이 생각해 보라고

>

자신을 던지고 나누어 비로소 밝아지는 심연

신갈나무 떡갈나무 갈참나무 졸참나무
상수리나무 굴참나무 숲의 설법전에서
돈오의 범종이 울립니다

다리

약간 현기증이 돌고 불현듯 성수대교가 떠오르네요
멀지 않은 그때 참사를 빚었던
커다란 슬픔을 남기고 한동안 남북의 소통에
큰 불편을 겪었지요

배 없이도 드나들 수 있는 연육교 연도교
육지에서 내나로도를 거쳐 바로 외나로도로 들어갔죠
섬인 줄 느낄 틈도 없이 말이에요
할아버지와 손주는 매우 신기해 했어요

참 바쁘네요 요즈음은, 문상가는 일과
결혼식 축하 가는 일이 부쩍 늘었거든요
그러고 보니 당신들이 바로 다리이네요
나가는 세대와 들어오는 세대를 연결해 주는

황혼에 비친 애달픈 실루엣
당신들에게서는 새카맣게 아득한 옛날 깊이깊이 가라앉았던
유목민의 디엔에이가 기억의 표층으로 발현되었어요

당신들의 힘겨운 걸음걸이마다 낡고 닳은 연골은
여린 신음소리를 내며 절룩거렸지요

>

당신들은 성스러운 제단으로 올라가 자신들을
신을 향한 번제의 희생양으로 바쳤던 거예요

환희의 샘

1

병마와 천시 속에서 고통 받던, 그러나 이제는
연인과 모두들의 이해와 사랑 속에서 죽음을 맞이하는
비올레타*,
이제 더 이상 고통스럽지 않아요
막 기운이 솟아나요 기쁨이 넘치고
이제는 살 것 같아요
가시나무새처럼, 마지막, 아름다운 노래를 부르고는 숨을 거두었다

2

어려운 환자가 많아 검사시간이 좀 지체되었다
서둘러서 다음 환자 검사를 시작하였는데
선생님, 식사도 못하시고 어떻게 해요, 저희들은
그냥 앉아 있으면 되지만……,
괜찮습니다, 기다리게 해서 죄송합니다
갑자기 정신이 맑아지고 힘이 솟아났다

* 비올레타 : 이탈리아 작곡가인 베르디의 오페라 라 트라비아타의 여자 주인공으로 비극적인 최후를 맞는다.

번데기

빛좋은 개살구, 하얀 허물을 붙잡고
남 모르는 의지의 뿌리만 키워 왔던 풀비린내 나던
애벌레 시절

실뽑기, 고치짓기,
습관처럼 숙명처럼 그런 줄만 알았다

젊은 날 싱싱한 꿈의 씨앗을
새벽별, 저녁별에 뿌려 가며
밋밋한 나이테 하나 둘 늘려 가면서
우아하고 견고하게, 허상만큼 크게
고치를 지었다

잠시 숨을 고르는 듯
번데기가 되어 누운 병실같은 고치 속
이제는 꿈을 잊었다, 하늘로 비상하는,
때가 되면 깨고 나가
아름다운, 성숙한 나비가 되는
자연의 순리를 잊었다
삶의 아픔과 신비로움이 표백되어 버린
구차한 옷을 껴입고

>

하아, 참을 수 없이 무거워진 어설픈 세월이여
번데기는 이른 아침 오늘도 딱정벌레들,
출근차량 속으로 끼어들어 간다

쥐의 진화

요사이는 시내에서 애완견을 많이 볼 수 있지요
많은 사람들이 악세사리 친구 연인 자식처럼
데리고 다니고 안고 다니기까지 하니까요 갖가지 패션으로
다듬은 털과 의상은 거의 패션쇼 수준이지요

위대한 영장류 세상을 정복하고 이제는 우주정복에
안달하고 있는 털없는 원숭이 쓸만한 곳은 모조리 생쥐처럼
돌아다니며 날카로운 이빨과 발톱으로 갉아 쏠면서 결국은
기껏 쥐와 공생하는 존재로 전락하고 말았네요
쥐들이 꼬리치고 있어요 꼬리도 매우 길게 진화되었고요

당신들은 기억할 거예요 어렸을 적 집의 구석구석을
헤집고 돌아다니며 갉아 부스러뜨리고 몹쓸 병을
옮기던 쥐들의 음습한 게릴라적 습성을
인터넷 미로의 후미진 곳은 모두 그들의 놀이터가 되었고
기억의 행간을 돌아다니며 여기저기 중독성 강한 알을 슬곤 해요

이제는 당신들의 영혼을 갉아 먹고 있어요
손 안에 둥지를 틀었거든요 애완견을 가볍게 따돌렸어요
그들의 전성기가 온 게 틀림 없어요
나도 가끔은 함께 놀 수 밖에 없거든요

어쩔 수 없어요 세상이 변한 걸요 언젠가는
이 별을 정복하고 우주를 다스릴지도 모르지요

그 원인에 대해서는 아직 밝혀진 바가 없지만
지구온난화에 의한 생태계의 파괴와
돌연변이에 대한 연구가 진행되고 있다고 해요

눈이 멀었다네

건장한 검은 말이 이끄는 무시무시한 전차를 타고
날카로운 채찍을 휘두르며 경기를 앞서가던 멧살라,
채찍도 없이 격려와 화합으로 이끌던 벤허와 흰 말의
소박한 마차, 끝이 보이지 않는 피비린내 나는 경기는
시작되었네 멧살라의 방해와 채찍을 피해 가며 결국은
벤허가 승리하고 멧살라는 죽음을 맞이하게 되었네

전쟁의 와중에
뭇사람이 희생당해가며 세워졌던
가파른 계곡을 가로지르는 콰이강의 다리는 곧
한 순간에 가루가 되었네
그것을 직접 만들었던 사람들의 손에 의해
미쳤군 미쳤어 모두 미쳐 버렸어
군의관은 중얼거렸네 허탈한 모습으로 힘없이

동료외에는 더 이상 인간을 볼 수 없는 신과 괴물의
세계로 제 의지와는 상관없이 흘러가는 율리시스의
배가 되었네

그린백 뭉치에 꽂힌 눈빛 화살 위로
검은 블라인드가 내려 오네

화

붉은피톨이 흘러가다 얼어붙어 멈춘 곳에
붉은 모래 알갱이로 모여 속꽃을 피운 곳
흡혈귀의 전설이 되살아나고 피의 향연이
재연된다

거절할 수 없는 강렬한 유혹에
빨대를 꽂는가

양극의 간극이 평행선을 달리는 동안
아무도 들여다 볼 수 없는 투명한 피멍울이 소리없이
자라나 꿈의 길이 턱턱 막힌다

오랫동안 숨죽이고 숨어 있던 피의
영령이 기지개를 펴는 사이 멸종과 삭제의
단어는 슬그머니 어둠 속으로 산화한다

에오스의 사랑 방정식

인간 티토노스를 사랑한 여신 에오스는 그를 영원히 사랑하기 위해 그에게 영생을 부여하였다 그러나 에오스는 인간의 젊음이 찰나적임을 미처 생각지 못하였다 죽지 않는 티토노스는 계속 늙어갔고 끝내는 벌레가 되었다 그녀는 늙지 않고 죽지 않는 자신의 권능이 무능한 한낱 인간에 처참하게 비치고 있음을 절망하면서 그를 떠났다 또다시 인간을 사랑하게 된 에오스는 젊음을 잃지 않고 영원히 사랑할 수 있는 방법을 생각해 냈다 꽃바람과 녹음방초의 계절이 가기 전 구름지붕을 파르나소스 산 동쪽과 서쪽으로 분리해 놓고 하늘고리에서 상록 활엽과 침엽이 어우러진 발을 내려 파르나소스 산 정상에 걸었다 그들의 사랑은 발을 타고 올라가 별빛이 되었고 그 별빛 사랑은 무한을 꿈꾸는 연인들의 이상이 되었다 그들은 지금도 싱싱한 젊음과 아름다움을 유지한 채 변함없는 사랑을 나누고 있다고 한다

멧돼지

난장보다 더 소란스러웠습니다
으슥한 밤 야산과 들판을 어슬렁거리던 놈이
마을까지 내려왔다는 보도가 있었습니다
공포의 도가니에 빠진 개미들의 사원이
지진에 맞은 듯
몸이 편치 않은 사람들의 눈동자가
고통스럽게 흔들렸습니다
놈은 찢어질 듯한 괴성과 난폭한 행동으로
성전을 휘젓고 돌아다녔습니다
고요한 무덤을 열고 불쑥 솟아난 메두사의 얼굴
도깨비불처럼 번뜩이는 혼란이었습니다
망덕忘德이 뇌관을 건드린 잘 익은 종기
에서 터져 나오는 진한 고름처럼
송곳니가 녹아 내리는 타액처럼
배은背恩을 질질 흘리고 있었습니다
놈은 총기를 잃은 늙은 어미의 방관 속에서
더욱 포악하게 성소를 유린하였습니다
황당하게 내몰린 어리둥절한 사제들
까닭없이 죄인이 되었습니다

슬로 시티

강력한 자장으로 빨려 들어가는 쇳조각처럼
거대한 신속도주의 정글 속의 편린을 타고
속도의 단물에 탐닉하는 너
떨어지는 회전수에 금단현상이 발현한다

정체된 도로에 햇살처럼 뿌려지는 불법 마취제
뒤틀리는 사지에 스멀스멀 독거미가 기어간다

아스팔트를 힘껏 움켜쥔 새카만 발톱
속으로 끌려 들어가는 하얀 질주
규정속도를 조롱하는 야생마의 포효가
오감을 사금파리처럼 부스러뜨리는
짜릿한 아드레날린 축제의 깃발을 향하여
거절할 수 없는 회귀곡선을 긋는다

무의미한 레이스는 파괴적이고 삶은 묻힌다
속도에 절은 미래는 신기루처럼 불투명하다
오래된 시간의 손을 잡아라
그의 날개 위, 수줍은 고추잠자리 한 마리
파르르 세월을 희롱하고 있다

마네킹

대도시 번화가, 미신迷信의 신전에서
미의 제전을 치르는 미신美神의 추종자들
가끔 자신의 생명을 바치기도 하는 광신의 골짜기
오늘 번제의 화살은 누구의 심장을 향하고 있을까

복제기를 빠져 나온 마네킹들이 섬처럼 표류한다
빌딩 사이로 흐르는 흐린 물줄기에
삶의 찌꺼기들이 어지럽게 떠다니고
사이 위태로운 징검다리를 건너
너는 외로운 길을 떠났다
뜨거운 태양의 잔광이 마저 사라지기 전에

한때 율법으로부터의 자유를 선물 받았던 영혼들이
자승자박의 새로운 올가미를 짜고 있는 동안

표정 잃은 마네킹 무리를 휘감으며
나르시스의 환영이 황사처럼 몰려 오고
젊음과 개성은 쓰레기더미 속으로 던져졌다

향기가 사라진 곳에서 음지식물들이
이끼처럼 번성하고 있다
악의 꽃들

패착

무거운 혓바닥으로 곰이
빼앗긴 세월의 빈터를 핥고 있다
허공에 매달린 유혹들
부질없는 장난임을 깨달은지 오래건만
화려한 조명등의 필라멘트에 조련사의 바늘 같은 채찍에
까마득한 그네에 아슬아슬한 뜀틀에 갖가지 오락기구에
내던져진 깃털 같은 운명
깊이 패인 어깨에서 악령의 알이 부화한다
흡혈귀처럼 깊숙이 빨대를 늘어뜨리며

한 수 놓친 무게에 중심을 잃는다

숨이 차온다 함정에 빠진 호랑이처럼
도움닫기부터 온 힘을 다해 뛰어보지만
그냥 미끄러지기만 할 뿐
날카로운 발톱이 무디어져 간다

자포자기 아니면 자폭역습
을 꼬드기는 뱀꼬리 같은 도화선들

반半집의 패배
불계패보다 더 처참하다

화석

투명한 벽을 저주하는 처절한 물고기들
너머 풀 죽은 그가 카운터에 걸터 앉아
창 밖을 내다보고 있다
달의 등판 같은 생
거리에서 자동차 안에서 스쳐가는
갖가지 삶의 군상을
스케치하고 있다

자동차와 깜빡깜빡 눈맞춤하다가
기계의 꿈은 영혼을 갖는 것일까
인간의 꿈은 안식을 회복하는 것이
라고 중얼거리는 사이

그의 진한 눈동자 속으로 빨려 들어가는
연둣빛 시절의 뭉게구름 같은 꿈이
부재의 비극의 편린을
먼지처럼 떨어뜨리고
플래시처럼 번쩍이다 사라진다
흑백영상 하나 영정처럼 남기고

삶의 명제인 행복
의 꼬리표 같은 지느러미가
미궁의 벽을 치받고 있다

변신

오늘 가을을 만나러 갈거다
특별히 약속한 바는 없지만
뜨겁게 뜨겁게 밀어 올린 수밀도 원색으로 터뜨리며
어딘가에서 서성이며 기다리고 있을

오늘 가을을 보러 갈거다
농익은 감빛 배낭에 울긋불긋한 설렘 터질 듯 채우고
신의 정원에서 살그머니 훔쳐 온 꿈길 같은 환영을 좇아
떨리는 기쁨을 안고

실컷 웃을거다
쓸쓸한 단풍을
실컷 울거다
화려한 낙엽을

뜨거운 청춘과 눈부신 영광을
아름답게 벗어버릴
그를 만나러 갈거다

3부

잠수사

내시경이 가리키는 물관부 여기저기
붉은 꽃들이 피어 올랐다
손톱 자국 선명한 핏물 밴 꽃잎들
누구의 손찌검인가 이처럼
깊은 곳까지 뿌리를 내리게 한 것은

교활하게 숨어 있을 익명의 테러리스트
얼굴없는 침입자는 생명을 점 찍는다
악성 루머에 시달리는 당신들
눈을 빤히 뜨고도 허리가 휘어지는 충격을
전혀 깨닫지 못한다
가지 꺾어지는 순간에야 비로소
고통과 상실의 전율에 파묻힌다

해난구조대 해군특수부대원들은
유속 5.3노트, 수심 40m도 두려워하지 않는다
인당수는 그저 전설일 따름이다
윤기나는 푸른 계절에도 혼불 감시조는
혼돈의 암흑시대를 거슬러 물관부로 잠수하여
빙하시대의 뿌리까지 탐색한다

소신공양의 보살들이 올라오고 있다

월광곡

실바람이 호숫가를 맴돌고 있었지
수심을 재던 손가락이 하얗게 질린 달을 보았던 거야
달에 꽂힌 하이얀 어리연이 놀라 흐느끼고 있는 사이
시냅스의 갈고리가 달린 긴 힘줄을 던져
온음표로 찔려 있는 달을 건져냈어
검은 피를 뚝뚝 흘리며 다가오는 유령 같았어
어디에선가 본 듯한 모습이었어
사라져 가는 왕국의 마지막 공주처럼 아득한
기억의 유전자라도 남아 있었던 것일까
피아니시모로 뒤집던 유년시절 포르테로 두들기던 열혈청춘
전생 혹은 더 먼 생의 한가운데
기나긴 쉼표로 숨겨진 곳에서 피냄새가 났어
차마 지워지지 못하고 실수처럼 남아 있다가
잠깐, 거기까지
도돌이표가 마법의 지팡이처럼 기억의 이파리를 흔들었지만
노출의 두려움이 컸던 거야
끝없는 굴삭의 크레센도에 주눅이 들었던 거지
비밀정원 같은 메조피아노 넘보지도 못하고
데크레센도로 살며시 깃을 접고 말았어
다카포의 신호등을 지우면서 피아니시모
여백 한 줄 메일로 띄우며 피아니시시모

부르카

침묵 속으로 캄캄하게 숨는 은둔자
결코 머리카락 한 올 드러내는 일이 없지
드물게 자신을 나타내는 일도 있지만 그때에는
천둥과 번개를 동반하고 핏빛울음이 낭자하지
게릴라 습성을 보일 때도 있고 때론
뱀파이어 바이러스에 감염된 사채놀이꾼 같기도 해
바쁜 틈새와 탐욕의 그늘을 노리고 있지
어떤 때에는 자살 폭탄 테러리스트 같기도 하고
오로지 자신만의 이념과 삶을 고집하는
꽉 막힌 근본주의자 아예 타협이란 단어는 없어
종국은 자신의 궤멸이라는 것을
알고나 있는 것인지 궁금할 따름이야
상생의 이념은 버린지 오래 되었지
수시로 고성능 탐지기를 들이대지만
쥐새끼처럼 빠져 나가는 놈이 있어
당혹과 공황의 올무를 깊숙이 숨긴
음흉한 음모와 배반의 향연
흰 정장의 홈즈는 오늘도 전전긍긍하고 있지

변

변을 위한 변은 끝이 없다

너는 말하곤 했었지
높고 화려한 개선문을 거침없이 통과하며
정글로 들어선 때부터였다고
수레는 터덕거렸고 고장이 잦았다고

빛나는 유니폼을 입고 들어서던 그랑프리
후미에서 콧김 뜨겁게 따라오던 누떼
이젠 리드하고 있다고

해저 깊이 숨은 소용돌이 위
잔잔한 수면으로 미끄러지는 무구한 요트
따라 부릅떴던 백 개의 눈들 하나 둘
감기어 가고 있을 때

그들의 비감의 눈빛은 쇄빙선처럼
바위 같은 얼음을 깨고 있었다고

변辯은 변便이다

대상포진

눈이 부셔서 눈을 감는가 하면
너무 어두워 눈을 감기도 한다
매운 공기가 코를 뚫고 망막을 통과하여
악의 고리를 순환하는 검은 정맥으로
스며들어 간다 삼투압은 무시된다
허파꽈리의 고백성사를 가볍게 튕겨 내며
악령의 피가 탈진한 근육세포를 농락한다
바닥을 흐르는 침출수는 치명적이다
접지력을 상실한 바퀴는
기다란 스키드마크를 남기며 추락한다
지워지지 않는 아킬레스건의 혈흔이 선명하다
검은 피의 흉측함을 피하기 위해
암흑 속에서도 눈을 감는다
비겁함의 흔적은 잘 지워지지 않는다
해변가 바위의 따개비 무리가
홍조의 연약한 살갗을 뚫고
긁다 만 누룽지처럼 덕지덕지 눌러 앉았다

* 대상포진 : 심한 통증, 피부발적, 물집 등을 일으키는 피부질환.

추석이 낼모레

막 마른 수건 같은 포도위로
차들이 건조한 소음을 내뿜으며 달려간다

들뜬 사람들의 발걸음이 종종거리고

한껏 높아진 푸른 하늘이 그리움의 끈을
한없이 늘어뜨리고 있다

설렘과 고적함의 칵테일이 추석의 한 잔인 듯
듬성듬성 누워있는 낙엽의 잎맥 속으로 스며
들어가고

환한 달덩이 같은 웃음을 싣고 오는
유모차가 까르르 여운을 남기고 지나간다

추석의 향이 옷깃으로 튀었다

에필로그

마른 하늘의 벼락은 외로움의 급습이다
우선 피하지 않으면 치명상을 입는다
숨겨진 방패와 벙커가 있는 곳
추수가 끝난 빈 들판으로 간다
메마른 흙더미 속에서 숨죽이며 엎드려 있을
생의 뿌리들을 찾아 배회한다
모두들 떠나버린 황량한 땅에서
환하면서도 씁쓸한 웃음을 본다
고뇌에 절은 슬픈 얼굴을 본다
회의에 감겨버린 허탈한 눈빛을 본다
굴욕의 고랑을 넘나드는 무거운 발자국을 본다

사막화의 분노에 버림받은
우아하고 거대한 신전 기둥 밑
버려진 휠체어와 먼지 쌓인 침상들
쓰디 쓴 풀뿌리를 함께 씹어 삼키는
지푸라기 허수아비가 주저 앉아
쓰러져 간 제국의 안타까운 뒷 이야기를
모래 바람에 주절주절 실려 보낸다
사라진 제국 비극의 예언자의 야윈 눈빛이
쓰러진 기둥에 부딪쳐 떨어진다

가두리

허공의 나로도에서 우주선을 발사한다
무한한 소실점을 뚫고 남빛 화살이 자유의 손을 뻗친다
하늘바다 밑 아득한 바닥을 기어가는 심해어
커다란 눈이 발광다이오드를 훔친다
한 무리의 어군이 비늘을 번득이며
어두운 상자 속으로 몰려 들어간다
기름진 사료에 굵어 가는 허리
촘촘한 그물을 벗어날 수 없다
뻐끔뻐끔 부질없이 체념의 거품만 뱉어 낼 뿐
절어 엮은 굴비처럼 하루종일 숨막히게 끼인 날
팽팽하던 종이팩이 퍽 찌그러진다
구름이 밟고 지나간 허공, 발자국 여기저기
끈끈한 중력으로 고이는 허기진 가을바람의 무거운 상념
어둠 속으로 침잠하는 일요일의 군상
우주선은 정지궤도에 진입도 못하고 산화되었다

신성모독

우주시대에도 원시는 존재한다
중세 암흑시대는 펄펄 살아 뛰고 있다
지저분한 하수도 물이 예수상을 타고 흘렀는데
사람들은 신성한 물로 여기고
한 방울 한 방울을 거룩한 마음으로 받아 마셨다
기적이 만들어지고 있었다
지구촌 종말을 부르짖는 이교도들의 찬양속에서
빛이 터지는 듯 하였다 그러나
어느 의심 많은 사람이
근처의 오염된 하수도 물이 신성한 예수상을
더럽히고 있다는 사실을 밝혀 냈지만
그는 신성모독죄로 추방되었다

추석 나무

추스리는 옷깃을 타고 느린 밀물처럼 온다

시베리아 툰드라를 출발하여 아버지의 봉분을 넘어
흰 구름과 함께 온다

쪽빛 양탄자를 탄 싸한 그리움의 여신이 투명한 유리공기를
뚫고 온다

이산가족의 한과 고향 잃은 이국 노동자의 슬픔을 안고
온다

집시의 운명을 닮은 영혼들이 코스모스와 함께 아득한
슬픔을 달래는 춤을 출 때

지나간 모든 잊혀진 기억들과 살아 있는 추억들이
추석 나무로 우뚝 선다

나는 추석 나무가 된다

고삐를 자르고

첫눈이 푸슬푸슬 내리고 있었어 함박눈은 아니었지만 희끗희끗 세상이 물들어 가고 있었어 그때 빨간 코트를 입은 여학생이 철도 건널목을 넘어오고 있었어 창가에 기대어 물끄러미 바라보았지 눈 내리는 것에는 관심이 없는 것처럼 당신은 우리 집 탱자나무 울타리 근방을 배회하며 뭔가 상념에 잠겨 있는 듯 고개를 약간 숙이고 천천히 걷고 있었어 내가 살그머니 나가 조용히 그러나 놀래키듯 불렀지 당신은 화들짝 놀란 듯 쳐다보며 반가운 듯 활짝 웃었어 첫눈은 발이 굵어지고 이미 함박눈이 되었어 머리카락에 붙은 눈이 녹아 눈물처럼 반짝였지, 이제 막 첫눈이 내리고 있어 투명하고 푸른 기억이 날리고 있어 시간과 공간을 유턴하여 불가능의 언덕을 넘고 있어 무기력하게 끌려가던 세월의 고삐를 잘라 버리고 광속보다도 훨씬 더 빠르게 설렘과 환희의 간이역으로 달려가고 있어 삶다운 삶이 시작되던 원점으로

뱀파이어의 진화

돌연변이 세포는 어둠을 먹고 자랐다 여름만 되면 인간들과 불편한 관계가 지속되었고 피를 빨아 번식하던 미물은 일찍이 대잠용 초음파를 이용해 먹이사냥에 나섰다 선글라스를 끼어야만 눈을 보호할 수 있는 강력한 태양의 빛도 그들의 게릴라적 공격에는 속수무책이었다 한낮 맑은 시냇가에는 환형동물들이 수초 사이에 잠복해 온혈의 신선함을 노리고 있었다 어둠을 틈 타 세력을 키우며 세상을 점령하기 시작한 날짐승들의 아지트는 눈에 띄지 않는 깊은 동굴속에 있었다 밝은 날에는 그들의 존재가 무시되었지만 어둠이 비치는 순간 잠에서 깨어나 세상에 검은 점을 찍고 돌아다녔다 깊은 원시 숲속에서는 원주민이 희생당하는 끔찍한 사건이 발생하기도 하였다 동굴이 계곡으로 뚫리고 초원으로 이어졌다 윤기나는 갈색털로 위장한 포유류는 대담하게 밝은 낮에도 모습을 드러냈다 공포의 대상이 된 그들은 겁많은 유인원과 자만한 원숭이들을 공격했다 그들의 존재를 확인하기가 쉽지는 않았지만 꿈속에서도 출현하는 그들은 유인원을 닮아갔고 진화와 함께 탈바꿈을 계속하였다 많은 털들이 사라지고 매끄러운 변신을 획득한 족속들의 욕망은 커지고 변화하는 문명에 상관없이 그들의 영역을 확대해 갔다 태고적부터 간직하고 있던 유전자는 그대로 남아 아직도 피를 그리워하며 호시탐탐 기회를 엿보았다 어둠을 향한 깊은 향수는 그들을 무덤속으로 향하게 하여 음침한 암흑과 침묵이 그들의 은신처가 되게 하였다 털없는 원숭이들 주위를 배

회하고 있는 그림자 같은 존재는 아직도 말만 무성할 뿐 실체가 명확히 파악되지 않고 있다

암벽 등반

앎 하나 얻을 때
벽 하나 자란다
날카로운 창이 비켜 간다

넋 나간 모기 한 마리가 내 밥그릇 속으로
들어 온다 내가 먹는다고 해도 그나 나나
별로 개의치 않는다

여우비 지나간 후에도 무지개는 피어난다

한참 위로만 자라다가 지상으로 방향을 바꾼
순간 너의 몸은 더욱 튼실해진다

사람 저 세상으로 보내 놓고서야 관심을 보이는
애매한 피조물은 변명을 창조한다

앎 하나 깨달을 때
벽 하나 성장한다

암벽의 정상에서
패러글라이딩 준비를 한다

패혈증

가면 한두 개
웃어 볼 일, 탈, 탈춤
많은 가면, 탈, 탈들
탈 속에 비수, 흐린다, 미꾸라지
가리는 진실, 백내장
멀어지는 이정표

경로에서 벗어났습니다
모두 탈을 벗고
다시 안내를 받으시기 바랍니다

새해 벽두부터 시름시름 앓았던 것은
허울 좋은 가면을 벗어버리기 위한 진통이었나
안경처럼 오랫동안 쓰고 살았던 탈은
급기야 탈을 일으키고야 말았다
제대로 숨을 쉬지 못한 억눌린 조직들이
곰팡이 솟아나듯 봉기를 일으킨 것이다
전신으로 퍼져나간 독기가
뼈를 갉아먹고 뇌세포를 옭아매기 시작하였다
이번만큼은 여태 사용해 왔던
비방도 전혀 효과가 없었다
만일을 위해 아껴 두었던 강력한 비상 항생제를

두 눈 딱 감고 투여해 보았으나
역시 별 효험을 보지 못하였다
이제 남은 처방은 딱 하나
삭고 낡을대로 낡은 탈을 벗어 던지는 것 뿐이었다
덕지덕지 달라붙은
피부까지 잘라내지 않으면 안 되었다
탈 때문에 이렇게 탈이 난 미명의 시간부터
하얀 사선을 넘나들어야 했다

금맥을 찾아서

전혀 그럴 것 같지 않은 곳에 반짝이는 것이 있다 항상 그냥 지나치는 곳, 아무도 관심을 갖지 않는 평범한 오솔길이다 반짝이는 것에 대한 진지한 호기심이 사금으로 뚝 떨어졌다 모래 구덩이에서 진흙탕 속에서 모래알 같은 금을 찾아내던 그들, 몇 가마의 흙을 흘려 보낸 뒤에야 겨우 얻어낸 기쁨이다 이젠 금맥을 찾으러 골짜기로 들어간다 황량한 기억의 폐광으로 들어가 버려진 구석구석을 훑어 걸러낸다 반짝거리는 실체를 얻기 위하여 초심자의 광부가 된다 골짜기 물가의 진흙바닥 속에서 어렵사리 사금 한 점 줍는다 폐광 속에 숨어있는 가치가 슬몃 드러난다 황량과 고독 속에서 방황하던 보람 한 알 얻는다 겨자씨 같은 사금 몇 개 찾아내고 금맥을 느낀다 하릴없이 스쳐 지나가버렸던 먼 과거의 미래들 그 사이에 짓눌려 있던 숱한 시간과 슬픈 행성의 왜곡된 역사, 어딘가에 분명 숨어 있을 금맥, 갈 길을 정한다 다시는 금모래씨 하나 못 찾을지도 모른다 그러나 금맥만한 희망 하나 건진다 닫혀 있던 폐광의 문이 삐거덕 열리며 왈츠 요정이 춤을 추며 나오고 깊은 곳으로부터 소나타 3악장의 숨가쁜 멜로디가 아련히 들려온다

좁은 문*

사랑은 언제나 오래 참고…….* 기다림은 인내이고 수양이었소. 종교적인 덕목 때문에 왜곡되어 가는 사랑의 비극에 대해 다시 한번 많은 생각을 해 봤다오. 크리스마스가 가져다 주는 무한한 설렘과 희망의 빛이 단지 뜬 구름이나 환상이 아니기를 바라지만 현실은 한결같이 무심하고 냉정하게만 흘러가고 있다오. 그러나, 무기력하게 떠내려가는 것보다는 거슬러 올라가고자 하는 게 인간의 존재의미가 아닐까 생각이 드는군요. 종교적인 미덕이라는 올무에서 벗어나지 못한 알리사는 결국은 사랑을 버리고 죽음을 맞이하게 되었고 제롬은 슬픔의 절망에 빠지고 말았지요. 꿈은 잡아야 하고 가꾸어야 하는 것이라는 생각이 들어요. 산다는 것의 의미, 살아간다는 것의 역동성, 결코 무너져서는 안 되는 덕목이라 믿어요. 겨우 지푸라기 하나 잡고 허우적대는 상황일지라도 결코 꿈과 희망을 버려서는 아니 돼요. 사랑은 바로 그 고귀한 목표를 향해 달려가는 희망의 열차가 아니겠소. 세월이 모든 것을 깎아 내리더라도 그 열정만큼은 어찌할 수 없다는 것을 새삼 확인해 보고 싶었다오. 가루가 되도록 인내하는 별빛 사랑. 알리사는 죽었지만 제롬은 작은 알리사의 대부가 되었어요. *믿음과 소망과 사랑 중에 그 중에 제일은 사랑이라고, 종소리를 타고 울려 퍼지는 말씀이 아름답게 반짝이는 크리스마스 시즌이네요.

* 좁은 문 : 앙드레 지드의 『좁은 문』에서 인용.
* 성경 고린도전서 13장에서 인용.

문어

잡목 가시나무숲을 지나 우아한 정원 한가운데 당신의 자존처럼 서 있는 규목 그 딱딱한 그늘에 들어가고 싶지 않다 창 같은 고드름이 송곳니처럼 열려 있는 보레아스의 입을 닮아 까닭없이 뿜어대는 바늘 같은 거미줄 닫혀 있는 숨구멍의 체감온도가 영하권이다 예기치 못했던 연체동물의 변색은 황당하다 문을 열고 기다리며 떨림음을 연주하던 마음이 뜬금없는 찬 바람에 의해 화상을 입고 트레몰로로 꺾어지다 포르티시모 스타카토로 멈춘다 갑작스러운 돌풍에 의해 닫혀버린 무거운 돌문, 무수한 통점을 연결하는 선을 찾지 못하면 열쇠를 구할 길은 없다 인내의 힘줄과 연민의 부드러운 살갗이 아프게 떨어져 나간다 벼리던 시간의 칼을 결코 휘두르지 않는 덕德의 뿌리가 무거운 침묵의 바위를 뚫고 있다

말씀

— 스승의 날에

말씀이 궁창을 흐르고 있었다
어두운 안개처럼 갇힌 혼돈의 골짜기
벼락같은 한 줄기 빛이
잠든 고요를 뚫고 내리꽂히어
무거운 돌바위를 꿰뚫고 지나갔다
겸허의 긍지와 환한 인내의 푸른 꿈이
바위의 심장과 내장 깊숙이 돋을새김 되었다
지혜와 열정이 척박한 땅속으로 비옥하게 스며들어
오랜 세월 동면 중이던 풀씨가
신비로운 우주의 눈을 틔우고
향기로운 가치의 실현과
친절의 이파리를 펄럭이기 시작하였다
삶은 그렇게 자라나는 것이었다
생명의 관을 연어처럼 차고 올라가는
영광의 우듬지를 향한 소리 없는 도약
뜨거운 태양을 서늘한 금실로 뽑아내는 엽록제련소에
침묵으로 숨어 있는 인고의 전설
포용의 나침반이 가느다랗게 떨리고 있었다
거기에 말씀이 있었다

편집광 해부

계절에 따라 개성의 팡파레를 울리던 순리의 나무들
평화로운 숲에 전기톱과 굴착기가 들이닥쳤다
베고 갈아엎고
비명은 선동과 폭압 속으로 생매장되었다
풀잎소리에 박수치던 부드러운 손은
찢어진 깃털 하나 남겨놓고 작은 새와 함께
행방불명이 되었다
삶의 향기인 듯 푸르게 재잘거리던 오솔길도
과년한 아가씨의 아침햇살 같은 웃음도 사라지고
망자들의 고요함과 유령들의 흐느낌만이
창백한 목덜미와 가슴을 파고 들었다
우회의 척박한 길에 에둘린 파안破顔의 고향은
잦아든 발자국 소리와 함께 말라가고 있었다
그동안 너의 심장은 얼마나 황폐해져 갔는가
떨어진 깃털 하나 주워 들고
잊어버린 주문을 애달프게 외어 보지만
떨림의 반응은 이미 멀리 달아난 뒤였다
이제는 꿈을 따는 일도 먼 추억의 흐린 사진 속에 갇힌
어둠이 되었고
불쌍한 피조물은
작은 새와 나무들의 저주가 이미 시작되었음을
전혀 깨닫지 못하였다

나침반

뿌리가 있는 자는 멀리 갔다

뿌리를 향하고 있는 나침반은 그게 자신의 운명인 줄 몰랐다

뿌리의 나이테가 동심원처럼 늘어나던 탯줄에 이미
알 수 없는 미래가 흘러 들어가고 있었다

멀어질수록 커져만 가는 강력한 자장이 새벽안개처럼 휘감아 돌 때
나침반의 끝은 떨리는 이파리로 외로움을 타전했다

우듬지의 푸른 잎이 낙엽이 되어 떨어질 때
뿌리는 아무도 눈치채지 못하는 사이에 관념이 되고 말았다

허우적거릴수록 더욱 깊이 빠져 들어가는 수렁처럼
뿌리는 저도 알 수 없는 힘에 휩쓸려 희미해져 갔다

외로움은 뿌리를 향하고 있는 나침반이었다

나침반의 떨림도 끝내 극점에 도달하지 못하였다

끝

칠흑의 외딴 산골짜기 교교한 귀신들의 신음소리만 고주파로 나풀거리는 칼날 같은 폐건물 속 들판 한가운데 깊이를 알 수 없는 커다란 아가리를 벌리고 있는 시커먼 웅덩이 깊은 계곡 물기둥마저 비명을 지르며 추락하는 시퍼런 소沼에서 솟구쳐 올라오는 소름 돋는 망령의 그림자 다이달로스의 미궁이 소리없이 덮쳤다 심장을 녹이는 외로운 투쟁을 숭고한 믿음처럼 지켜왔던 정당한 길목의 나무에서 익어가는 눈부신 열매를 찬양했던 푸른 삶 속에서 끈끈한 우의를 다졌던 시절 이제는 깨진 거울 속의 또렷한 아픈 과거일 뿐 십자가의 미션으로 하얗게 분해되던 이과수 폭포의 끝 날카로운 거울 조각이 쨍그랑 떨어져 바스러진다

소녀의 기도

굳은 흙더미를 밀어 올리는
연둣빛 싹의 눈이 보일 때

무거운 침묵 속에서
밝은 미소 하나 반짝일 때

마비되었던 하반신
발가락이 꼼지락거리기 시작할 때

오래된 상처에서 새살 돋는 기쁨이
너에게 옮아갈 때

4부

슬픈 진화

너는 언제부터인가 이러저러한 인연을 끊고 고독을 탐하기 시작했다 그렇게 잘 다니던 풀뿌리 동아리에서도 더 이상 너의 모습을 볼 수 없다

당신의 호흡을 느낄 수 있는 꿈의 무대는 하우스콘서트로 변신하였다 극장같은 무대위의 당신을 보기 위해 망원경을 준비하든지 가장 비싼 좌석을 예매해야 했던 부담감이 사라졌다 패키지 여행으로 바쁘게 스쳐지나간 유적지를 마치 별이나 딴 듯 자랑스러운 이야깃거리로 주절대지만 사실은 아무런 감흥도 내용도 없다

진화는 생존하기 위한 생명체의 변화이다 때로는 생존을 포기하고 자기 위상을 지키기 위하여 자기사멸의 고육지책을 택하기도 하지만 끊임없는 변신을 통하여 삶의 본능에 충실하고자 한다

당신의 얼굴표정과 손가락의 움직임을 가까이에서 볼 수 있다는 것은 분명 진화의 축복이다 만일 더 진화한다면 어떤 모습일까 나홀로 청중인 미니콘서트일까

연주자 자신의 그림자만을 위한 나홀로 연주회로의 변신이 지고의 진화형태라면 결국 자아몰입 또는 자신과의 대화가 되는 셈인데 왠지 좀 슬퍼지는 것 같지 않아?

빈

빈 그리움이 손짓하는

빈 찻집에 덩그마니 들어서면

빈 마음 속 깊은 곳에서

빈 종이 울린다

빈 차 한 잔 시켜놓고

빈 천장을 올려다 보면

빈 추억 하나 오롯이 내려와

빈 찻잔을 채운다

빈 향기가 우러나오는

빈 소리눌린 아우성의 궤적

원심력과 구심력 사이

원심력과 구심력이 균형을 유지하던 자리
원심력이 불안한 떨림을 감지한다

핵을 등지고 섰던 눈빛이 풀어지고
중심으로 기울어지는 불안정한 낙차

중심이 희미해져 가는 것을 눈치채지 못하고
흔들리는 다리를 조심스레 내딛는다

실은 자신이 핵이 되고 있음을
세월이 빚어 놓은 결과임을

구심력과 원심력이 다투는 사이
팽창하는 우주를 따라
근본으로부터 멀어져 가는 안타까움

아무리 멀리 내달려도 고작 약간 커진 동심원을 맴돌 뿐
서로 힘이 파해서 가까워지는 때는 다른 차원의
새로운 정으로 맺어지는 것, 그걸 성숙이라고 하던가

성숙의 열매는 고요
삶과 죽음이 첨예하게 맞부딪치는 절벽이다

죽음을 초월하는 지점이다

고향이 멀어져 가고 이제는 자신이
핵이 되어가고 있다
작은 위성들이 돌고 있다

벙어리의 꿈

원래 벙어리는 아니었다
사계절이 사라지고 봄은 오지 않고
눈마저도 오지 않는 스산한 겨울만이 계속되었다
꼬인 새끼줄은 닳고 닳아서야 비로소 풀어졌다
지저귀던 새들이 떠난지 오래되었으므로
더 이상 말이 필요하지 않았고 혀는 퇴화되었다
낮은 체감온도를 견디는 인내의 벽은 두꺼웠다
들려오는 온갖 음산한 소리를 침묵으로 소화하며
무거운 배낭을 메고 기나긴 동면의 세월을 천천히 걸어갔다
잔잔한 물결과도 같은 걸음걸이에는
고행하는 수도승 같은 무게가 딸려 들어갔다
정처없는 길의 끝은 어디일까
를 생각해 본 적도 이미 오래 되었다
알 수 없는 세월의 순리에 모든 것을 맡겼다
한 번 들어가면
죽어서도 나올 수 없다는 수도원의 수도승처럼
무거운 침묵의 시위 속에서
가끔 들려오는 철새들의 소리에
가느다란 미소로 대답하는 것이 고작이었고
모든 것이 얼어붙은 듯
회한의 미소로 변한 거친 삶의 결이
차라리 평안의 몸짓이기를 바랐다

퇴보도 진화의 일부라고 생각했다

독화살

모든 영광의 정상에 서서
더 바라는 게 있느냐

자연미의 정상에서
자연의 자존심과 긍지를
버릴려고 하느냐

자연미의 가치와 개성의
고귀한 아름다움이란
신의 역사이려니

이제는 됐으니
하찮은 세계를
동경의 눈으로 쳐다보지 마라

부러움과 질시의 눈빛을
더 원한다면 그건 이미
허황된 함정의 그물에 걸린 것

창공을 날고 있는
긍지의 날개를 향하여
미련의 독화살을

날리지 말아라

마른 영혼의 그늘 속에
웅크리고 있는
참을 수 없이 야윈
가련한 나르시스트들이여

돌아간 어린 왕자

무표정한 전봇대의 자세로 혹은
줏대없이 흐느적거리는 허수아비처럼
잠자코 서 있지 않으면
이상한 눈초리를 하는 검은 좀비들
날갯짓이 매우 거칠고 요란하다

그대들의 절망은
환한 웃음을 웃을 수 있는 곳
눈치 안 보고 실컷 울 수 있는 곳
의 상실이다

이상야릇하고 어색하고 좀스러운
행성에 적응하지 못한 그는
고독한 사막에 숨겨 놓았던
조그만 우주선을 타고
그의 별로 되돌아가고 말았다
웃음의 꽃이 활짝 피어 있고
눈물의 샘도 마르지 않는

마틴 부버에게 한마디

너를 만나고 나의 갈 길은 예정되었지
무척 행복했었지
방황은 시작되었지
끝없이 하얀 구름을 날려 보냈지
너를 알고부터는
끝을 알 수 없는 먹구름을 따라가기도 했지
나의 파란만장한 삶은 시작되었지

나의 그릇은 깨지기 시작했어
넓은 세계로의 유영이기도 했어
아니 표류였는지도 몰라

너를 만나고 나의 삶은 석회처럼 굳어 갔지
뇌는 복잡해지고 다리는 뻣뻣해져 갔어 가끔
고장난 스프링처럼 튀어오르기도 했지만

'너와 나'의 의미를 찾는 여정이 이처럼
혼돈속의 낙엽편주임을 어이 알았으리 그러나
이미 피할 수 없는 쓴 잔이니
비켜갈 생각은 없어 그래도
의미 없는 '너와 그것'이 될 수는 없지 않은가

그는 입을 다물고 한마디도 하지 않았다

가버린 것들의 빛깔

즐거웠던 삶의 조각들일랑
외로운 삶의 편린으로
다가오는 것일까

얘야, 너는 잊었니?
여보, 당신은 기억하고 있소?

그 골목길을 이삿짐을 구멍가게를

가버린 것들의 빛깔일랑 그렇게
아련하게 그렇지만 또렷하게
각인되는 것일까

우리들의 푸른 날의 풍경들은
그렇게 먹먹하게 무게있게
구름처럼 멀어져 가는 것일까
낙엽처럼 흩어져

벼랑끝 전술

평화의 고요가 아닌 정지된 적막함이었어요 고장난 나침반, 잃어버린 목표, 사라져가고 있는 정체성, 희미해진 가치, 그 심연은 허무의 나락이었어요 좀비들이 허연 대낮에도 춤을 추는 새카만 계곡이었지요 흐름이 멈춘지 오래된 썩은 웅덩이였어요 감격은 휘발되어 버리고 침울한 먹구름만 무거운 눈물을 장전하고 있었어요 권력과 재물에 눈먼 자들의 끝없는 탐욕에 풀처럼 여린 영혼들이 지푸라기처럼 말라 갔지요 무슨 이야기냐고요 눈 크게 뜨고 정신 좀 차리고 잘 돌아봐요 당신도 그중의 한사람일 수 있으니까요

관계 없음의 관계

순전히 너에게 달린 문제이다
차디찬 돌처럼 돌아서든
애틋한 반가움으로 대하든
어느 날 뚝 떨어진 감뚝 줍듯
생기는 것도 아니고
마파람에 봄눈 소리없이 사라지듯
지워져버리는 것도
아니기 때문이다 이미
헤아릴 수 없이 스치고 스쳐간
감추어진 옷깃 인연들이
하나의 싹으로 드러난 것이리라
한들 이제 어찌하겠는가
상관없다

한때의 동생은 한동안
한때의 형님을 붙잡고 무겁고 뜨거운 눈물을
뚝뚝 떨구었다
한때의 인연이 영원으로 이어지고
있었다

관념의 꽃

추상과 관념의 비극은 너에게
아무것도 줄 수 없다는 데에서 나왔다
그것은 단지
무능하다는 수사적인 표현일 따름이다
추상과 관념의 그늘에서 멀어질수록
진실은 더욱 가까워지는 것,
펜과 입은 무거워 질 수밖에 없다
무능할수록 관념의 꽃은 크고 화려하게 핀다
그것은 변명의 토지에서 자라나는
뿌리 약한 나무이다 하지만 그대여
그냥 맛없고 쓴 양념이라 생각하고
약간은 용서해 주기 바란다
그것도 아니라면 돌이 될 수밖에 없으니
열매를 맺지 못하고 익은 동백꽃처럼 떨어지고 마는
눈을 뜨면 사라지는
관념의 꽃, 비겁한 수사의 그늘막에서
오늘도 여전히 화려하게 피고 있다

아스클레피오스의 사도들
— 대장내시경

안식의 지팡이를 미끄러지듯 내려온 전사들
갈라진 혀를 날름거리며
몸을 뚫고 들어가 몸 속 구석구석을 핥는다
독침에 물린 너는 꼼짝도 하지 못한다

몸 속에는 종종 갖가지 열매가 열린다
너는 전혀 알아차리지 못하지만
독버섯 같은 금단의 열매들을 먹어 치우기도 한다

그들은 결코 감시에 소홀이란 낱말을 알지 못한다
사명감으로 무장한 사설탐정처럼 씨씨티비처럼
깨끗한 대욕탕에서 정성들여 목욕하고 성수를 뿌리고
몸을 정갈하게 가꾸면서 계시의 순간을 기다린다
신에게 바칠 제물을 준비하는 대제사장처럼

아무에게도 눈에 띄지 않게 분뇨통 가득한 혐오의 골짜기를 지나
비밀의 문을 살그머니 열고 음침하고 냄새나는 지하세계로
들어간다 암울함과 부패가 극에 달할수록 바빠지는 행보
목까지 차오른 결단의 시기에는 대홍수를 불러 오물로 가득한
고담시를 흔적도 없이 쓸어버리기도 한다

>

죽음의 쌍두마차를 역주행시키고
불태워버린 위대한 스승의 부활을 믿는
충직한 복음의 전도사들이다

이른 봄

얼어붙는 소리에
금싸라기 햇빛이
튕겨 나오는
짧은 한낮

녹지 않은 지붕위의 눈에서도
눈부신 금모래가
튕겨 올라온다

그럼, 별빛 찬란한 밤에는
은싸라기가
튕겨 나올까

아직은 얼어붙는
단단하게 굳어가는
배타적인 갈라짐

영웅은 전설이어야 한다

황야의 개척자는 진즉

전설의 영웅으로 남았어야 했다

그리스 고대 신전처럼

쇠락기 그대의 모습은

얼마나 초라한가

황야의 전설은 벌써

역사 속으로 사라져야 했다

커다란 방점을 남기고

책임

비를 몰고 오는 먹구름처럼
무겁게 몰려오는 허공이 있다
낡은 세월의 무게를 담고

그 무게에 눌려
이러저러한 무거운 꼬리표들을 내려 놓았다

나이 앞에 서면 아직도
숙연해지는 허공이 있다

그 거울 앞에서 혹
어긋나고 있는 삶이 비치지는 않는지
전전긍긍,
움츠리고 있다

조바심같은 무거운 명제가
짓누르고 있다

세 겹의 의미

인사동 노점상에서 복돼지를 샀다
도사주인이 포장을 하면서 비닐봉지를
세 겹으로 쌌다 그 의미를 설파하면서

첫 번째는, 원한을 품고 있는 모든 영혼들을
불러 모아 내 편을 만들고

두 번째는, 일가친척 모든 조상들의 영혼들을
불러내 나를 돕게 하고

세 번째는, 나 자신의 역량을 키우는 것이다
라고

비보호 좌회전

보호받지 못하는 자유

그 자유를 향해서

차들이 줄을 서고 있다

이면도로의 신호등

원칙이 걸려 있다
머지 않아 또 걸려 있다
멀지도 않은 거리에 많이도 걸려 있다
흐름이 끊긴다
그냥 지나가는 차도 있다
차도 별로 없고 사람은 보이지 않는다
그래도 원칙은 고집스럽게 반짝인다
춥거나 덥거나 상관하지 않는다
우유부단이 잠시 멈칫거리는 사이
다른 고집이 그냥 통과한다
실용성의 혼란이 또 반짝인다

제2 악장
— '비'의 변주곡

飛
겁없이 뛰어오르던 날개의 꿈
하늘이 높은 줄 몰랐다 아니
생각해 본 적이 없었다

備
장애물을, 좌절을, 생각해 본 적이 있던가
젊음의 미스터리
에 빠져 있던 날, 날들,

比
비교하고픈 잣대는 없었다 저울도 없었다 그저
맘먹은 대로 뛰쳐나갔다
세상이 우리를 중심으로 돌고 있는 양,

悲
뜻하지 않은 절벽과 수렁 때문에
무한한 나락속으로 추락해 갔다
진이 빠진 날의 초라함은 세상끝처럼
느껴지기도 했다

非

그래도 아닌 것은 아닌 것이야,
좁은 길도 험한 길도 마다 않고 뚫고 나갔다
때론 어설프고 맵고 비린 성숙의 냄새를 맡기도 했다

雨

지난 주에는 소나기가 내렸는데
오늘은 추적추적 가랑비가 내리네요

어느 신선한 충격

시골의 허름한 메밀국수집에서 일을 돕고 있는 밝은 표정의
아가씨에게 대학생이냐고 물으니 고3으로 알바중이라 했다
입시준비로 바쁠거라 했더니 가까운 시내에 직장은 이미 정해놓았고
미용사가 될거라고 했다 대학 다니면서 일도 할 거라고 했다
기술대학인 것 같았다 스스럼없이 대답하며 환하게 웃는 소녀가 행복해 보였다

저희 딸 하나인데요 노래해요 보컬인데 지금 예술대학 다니고
있어요 전혀 머뭇거림도 없이 솔직하고 당당하게 얘기하는
이웃 아주머니가 마냥 행복해 보였다

대도시 유명대학 인기과의 어두운 그림자를 벗어난 그들의
모습에 초저녁 별빛처럼 신선한 바람이 머리를 쓸며 지나갔다

겨울나무

눈도 비도 그쳤지만 아직도
스산한 기운이
침묵의 그림자만을 외투처럼 두르고 있는
겨울나무를 싸늘하게 붙들고 있다
옹이가 박히고 잔가지가 가시처럼 돋아있는
거친 나목을
아프게 휘감고 있다
사랑은 그런 것이다 그렇게 아프게
붙드는 것이다

형용사의 마법

누릇노릇 알록달록 누덕누덕 덜렁달랑
번쩍반짝 히번덕거리는
허접스러운 장식품 우아한 포장
부실한 알맹이가 진실을 왜곡한다

아름다운양보 착한성장 신선한충격 똑똑한복지 통큰결단
막중한책임감 무거운소명의식 착한가격 커다란미안함
아름다운거부 예쁜바다 미운사람 따뜻한예산 나쁜투표

보았다
형용사의 유혹과 부패를

해설

아스클레피오스의 서정과 탐색

이승원 문학평론가

아스클레피오스의 서정과 탐색

이승원 문학평론가

인류의 역사는 농사와 의술醫術에서 출발했다. 중국 신화시대의 인물 신농神農은 사람의 몸에 소의 머리를 갖고 있어 각종 풀을 맛보아 백성들에게 농사를 가르치고 약초를 감별해서 병을 고쳤다고 한다. 식량을 얻는 농사와 병을 고치는 의술이 인류 생활의 가장 기본적인 활동임을 알려주는 신화다.

고대 희랍의 신화에도 의술의 신이 있다. 광명의 신 아폴론과 인간 세상의 왕녀 코로니스 사이에서 태어난 아스클레피오스가 의술의 신이다. 아스클레피오스는 하체는 말이고 상체는 사람인 켄타우로스족의 현자 케이론에게 의술을 배웠다. 케이론의 형상은 신농의 생김새와 유사한 점이 있다. 이것은 세계 신화의 공통된 흐름을 확인케 한다.

아스클레피오스는 뱀의 형상을 상징으로 삼는다. 이것은 그가 우연히 뱀을 죽였을 때 또 한 마리의 뱀이 약초를 물고 와 죽은 뱀에게 문지르자 살아났다는 신화의 이야기 때문이다. 아스클레피오스는 뱀의 행동을 통해 약초의 효과를 알게 되었다. 이 때문에 뱀이 그려진 지팡이는 아스클레피오스 의술의 상징으로 중동과 유럽 전역에서 사용되었다. 뱀이 머리를 내민 지팡이의 형상은 요즘 사용하는 내시경의 모습을 연상시킨다. 기원전 6세기경 펠로폰네소스 지역에 세워진 아스클레피오스 신전은 유네스코 세계유산에 등재되었는데 그 당시 사람들이 의술을 얼마나 숭배했는지 알려주는 중요한 자료다.

여기서 의술의 신에 대해 장황히 이야기한 것은 이 시를 쓴 김현식 시인이 현직 외과 의사이기 때문이다. 그는 의사로서의 체험과 관찰을 바탕으로 여러 편의 시를 썼다. 위에서 말한 아스클레피오스를 제목으로 삼은 다음과 같은 시가 대표적이다.

안식의 지팡이를 미끄러지듯 내려온 전사들
갈라진 혀를 날름거리며
몸을 뚫고 들어가 몸 속 구석구석을 핥는다
독침에 물린 너는 꼼짝도 하지 못한다

몸 속에는 종종 갖가지 열매가 열린다
너는 전혀 알아차리지 못하지만
독버섯 같은 금단의 열매들을 먹어 치우기도 한다

그들은 결코 감시에 소홀이란 낱말을 알지 못한다
사명감으로 무장한 사설탐정처럼 씨씨티비처럼
깨끗한 대욕탕에서 정성들여 목욕하고 성수를 뿌리고
몸을 정갈하게 가꾸면서 계시의 순간을 기다린다
신에게 바칠 제물을 준비하는 대제사장처럼

아무에게도 눈에 띄지 않게 분뇨통 가득한 혐오의 골짜기를 지나
비밀의 문을 살그머니 열고 음침하고 냄새나는 지하세계로
들어간다 암울함과 부패가 극에 달할수록 바빠지는 행보
목까지 차오른 결단의 시기에는 대홍수를 불러 오물로 가득한
고담시를 흔적도 없이 쓸어버리기도 한다

죽음의 쌍두마차를 역주행시키고
불태워버린 위대한 스승의 부활을 믿는
충직한 복음의 전도사들이다
—「아스클레피오스의 사도들」 전문

이 시에는 '대장내시경'이라는 부제가 붙어 있다. 첫 행에 나오는 '전사'는 대장내시경을 가리킨다. 진정제를 맞은 환자의 내장으로 미끄러지듯 들어가 몸 속 구석구석을 관찰하는 내시경을 "갈라진 혀를 날름거리며"라고 뱀의 동작으로 표현한 것은 뱀이 아스클레피오스의 상징으로 유통된 사실을 떠올리게 한다. 대장내시경 끝에는 렌즈가 달려 있고 점막을 자를 수 있는 메스, 잔류물을 빨아들이는 흡입기, 출혈 부위를 소작할 수 있는 장치 등이 있기 때문에 뱀으로 말하면 눈과 혀와 이빨까지 구비되어 있는 셈이다.

병균의 전염을 방지하기 위해 체내에 삽입되기 전에 완전히 소독되어야 한다. 3연에서 몸을 정갈히 씻고 제물을 준비하는 제사장처럼 계시의 순간을 기다린다는 것은 그러한 내시경 준비 과정을 표현한 것이다. 의사이기 때문에 접할 수 있는 정보

가 시 창조의 동력으로 작용했다.

대장 내의 병증이 심각할 경우 의사는 매우 다양하고 분주한 활동을 벌여야 한다. 병소의 사진을 찍고 의심 부위의 조직을 채취하고 위험한 부위는 바로 제거해야 한다. 이 모든 활동은 환자의 목숨을 구하는 행위다. 아스클레피오스가 본 뱀이 약초를 사용하여 죽은 뱀을 살렸듯이 아스클레피오스도 여러 번 죽은 자를 살려내 저승의 신 하데스의 노여움을 샀다. "죽음의 쌍두마차를 역주행시키고/ 불태워버린 위대한 스승"은 그러한 아스클레피오스의 행동을 표현한 것이다. 이런 의미에서 대장내시경은 단순한 검사 기구가 아니라 사람의 생명을 죽음의 늪에서 구하는 "복음의 전도사"라고 할 수 있다.

「잠수사」라는 시에서 시인은 내시경을 "해난구조대 해군특수부대원"으로 표현하기도 했다. 더 나아가 어떠한 어둠의 심연에서도 병소를 확인하고 처치하는 내시경을 "소신공양의 보살들"이라고 표현했다. 내시경을 다루는 의사는 오물로 가득한 지하세계에서 생명의 물길을 여는 충직한 사제들이다. 김현식 시인이 바로 아스클레피오스의 사도다.

그는 시집의 제목을 '꿈길'로 정했다. 그것은 이 시집에 들어있는 「꿈길」이라는 시가 시집의 성격을 대표한다고 믿었기 때문이다. 인간은 저마다 꿈을 지니고 있고 꿈을 이루기 위해 자신의 길을 간다. 그런 의미에서 '꿈길'이란 자신이 정당하게 걷는 길이고 자신의 이상을 실현하는 길이다. 김현식 시인의 꿈길은 어떠한 길일까? 그의 시를 보면 알 수 있다.

> 내가 가는 모든 길은
> 꿈길

진찰실로 가고 있다
병실로 가고 있다
꿈길로 가고 있다

태연하고 전혀 상관치 않는
가로수들이 졸고 있는
국도를 간다 지방도를 간다
꿈길을 간다

언덕 위에 꼬막집이 있는
조용한 시골길을 간다
소박한 식사를 할 수 있는
할매식당이 있는 시골길을 간다
꿈길을 간다

인생의 도반과 함께 가는 길은
모두 꿈길

처음 가보는 길도
가끔 다니는 길도
자주 다니는 길도
모두 꿈길이 된다

요사이 새로운 꿈길이
하나 더 생겼다

학생 때 헤어진 후 아직까지 만나지도
못한 옛 친구를 찾아가는 길이다
—「꿈길」 전문

김현식 시인의 꿈은 소박하다. 진찰실이나 입원실로 가서 환자를 보는 일상적인 일을 하거나 아니면 가로수들이 졸고 있는 국도, 지방도를 따라 조용한 시골로 가는 것이다. 할매식당 같은 허름한 식당에서 간소한 식사를 하고 인생의 도반과 더불어 갈 길을 간다면 그곳이 어디이든 모두 꿈길이 된다고 한다. 처음 가보는 길도 자주 다니는 길도 모두 꿈길이라면 그의 꿈길은 평등 평화의 길이고 차별 없는 대동 화합의 길이다.

요즘 새로 생긴 꿈길은 옛 친구를 찾아가는 추억의 길이라고 했다. 추억이야말로 우리를 순수한 꿈으로 안내하는 정다운 손길이다. 추억의 길을 떠올린다는 것은 김현식 시인의 연륜이 그만큼 깊어졌다는 것을 의미한다. 그는 이제 앞을 내다보는 일보다는 지난 길을 돌아보는 지점에 서게 된 것이다. 그가 돌아본 첫 번째 꿈길에 다음 두 친구가 떠올랐다.

김병현, 지금 어디에서 무얼 하고 있을까 초등학교
4학년 6반 2인용 책상에 나란히 같이 앉았던
순박하고 마음 좋았던 친구, 점심시간이면 나는
그의 도시락 반찬 묵은 김치를 좋아했다
한여름에도 새콤하면서도 시디 신 묵은지는 바로
그의 따뜻한 마음씨였다 5학년으로 올라간
후에는 다시 보지 못했다 정말 보고 싶은 친구다

강대석, 아마 초등학교 5학년 7반이었으리라
하교 때는 자주 같이 가곤 했다 가는 길에는
미니골프장이 있어 우리에겐 신기한 구경거리가 되곤 하였다
그러다 2학기 때 그는 부모님을 따라 대구로
전학을 갔다 그후로 다시 보지 못했지만 지금까지도
궁금하고 그립다

—「그리운 친구들」 전문

초등학교 4학년 6반 교실에 나란히 앉아 있었던 김병현. 그는 도시락 반찬으로 묵은지를 자주 싸 왔다. 냄새도 퀴퀴하고 맛도 시큼했던 묵은지는 그의 순박하고 따뜻한 마음씨를 떠올리게 한다. 5학년 진급 이후 다시 보지 못했지만 묵은지의 맛과 냄새를 통해 그의 추억은 생생히 살아서 환기된다. 시인은 김병현을 다시 만나 꿈길을 같이 걷고 싶어 한다. 50년의 세월을 넘어 그의 묵은지 맛을 정겨운 마음으로 다시 맛보고 싶은 것이다.

또 하나의 친구는 초등학교 5학년 7반 친구인 강대석. 그와는 하교 길이 같아 자주 동행했다. 미니골프장에서 골프 치는 모습을 신기하게 구경하기도 했다. 2학기 때 대구로 전학을 간 후 다시 보지 못했지만 그 짧은 동행의 인연이 그리움으로 남았다. 그를 다시 만나 어릴 때의 그 미니골프장을 다시 걷고 싶은 것이 시인의 꿈이다. 50년 저쪽에 삶의 자취를 남긴 그리운 친구들에 대한 꿈길의 상상은 다시 이루어질 수 없는 만남에 대한 기원이기에 애틋하면서도 허전하다.

그 점에서는 「사라진 번호」의 사연 역시 유사하다. 화순의

작은 할아버지 댁을 방문했더니 수몰된 지 오래 되어 마을도 찾을 수 없게 되었다. 시골 고모를 오랜만에 찾아갔더니 낯선 사람이 나와 얼마 전 동구 밖으로 이사하셨다고 전한다. 불현듯 떠오른 친구에게 전화했더니 결번이라는 메시지만 나온다. 정성들여 보낸 시집은 수취인불명으로 도장 찍혀 반송되어 온다.

이렇듯 기대감은 늘 넘쳤으나 돌아오는 것은 공허한 메아리뿐, 오래 방치된 빈 항아리에는 먼지만 쌓일 뿐이다. 시간은 모든 것을 변하게 하고 변해 버린 자리에는 허전하고 애틋한 공백만 남아 있다. 꿈길을 같이 걷고 싶은 사람들을 아예 찾을 수 없게 된 것이다. 이러한 상황 속에서 꿈길을 유지하는 것이 가능할까? 시인의 고민은 여기서 싹트고 줄기를 뻗는다.

그러면 오랜 시간이 흘러 그리움의 대상으로 남았던 사람을 우연히 다시 보게 되면 어떠할까? 오래 전에 헤어졌던 친척이나 어릴 때 보고 못 만났던 친구를 다시 보게 될 때 기쁘기도 하지만 기쁨과 함께 슬픔을 맛보는 일도 많다. 왜냐하면 세월의 흐름이 과거의 천진했던 친구의 모습에 주름과 백발을 드리워 실망케 하는 경우가 많기 때문이다. 오랜만에 동창회에 가 보면 어릴 때 귀여웠던 단짝 친구가 늙고 힘없는 노인이 되어 앉아 있다. 그것은 슬픔을 자아내게 한다.

알아보지 못하였네
어느 날 갑자기 나타난 그를
세월에 묻혀 왜소해진 그를
알아차리지 못하였네
예고없이 내 앞으로 성큼

다가서는 사람,
이상한 사람이라 여겼네
원래 사람기억을 잘 못해
어디에선가
스쳐간 사람이리라 여겼네,
태산이, 준령이,
동네 야산이 되어 서 있었네
인고의 세월이 깎아내린
무수한 파편들이
돌무덤처럼 쌓였네

—「사미인곡思美人曲」 전문

시인은 그러한 체험을 '사미인곡'이라는 제목으로 표현했다. 아름다운 사람을 생각하는 노래라는 뜻인데, 늘 아름다우리라 그리워했던 그 사람이 아주 낯선 초라한 모습으로 내 앞에 나타날 때 '사미인곡'의 애수는 깊을 수밖에 없을 것이다. 앞에서 그리워했던 김병현과 강대석이 세월의 흐름에 풍화되고 마멸되어 왜소한 노인으로 내 앞에 선다면 그 실망감을 어디에 비교할 수 있을 것인가? 기억 속에서는 태산이요 준령이었는데, 한갓 동네 야산이 되어 서 있다면 그 민망함을 어이할 것인가? 돌무덤처럼 흩어진 세월의 파편을 쓸쓸히 바라볼 수밖에 없는 것이다.

시간의 진행에 따라 사람의 모습은 태산과 준령처럼 등등하던 상태가 야산으로 주저앉고 마는데, 나비 같은 경우는 성장의 후반 단계가 더욱 상승하는 방향으로 변모한다. 나비나 곤충의 변태 과정은 일반적으로 알, 애벌레, 번데기, 성충의 단계를 거친다. 알에서 애벌레가 부화하고 애벌레가 번데기가 되는 것은 점진적인 변화의 과정이라 할 수 있다. 그러나 번데기에서 성충이 탄생하는 것은 혁명적 비약이다. 나비의 경우 거친 껍질 모양의 번데기의 등짝이 갈라지면서 날개가 솟아나 나비로 날아가는 모습은 무척 신비스럽다. 번데기에서 나비가 되는 것을 우화羽化라 해서 혁명적인 변화를 가리키는 말로 사용하는 것은 이 때문이다.

혁명적이다

번데기의 명상은
악몽처럼
지루하다

변화는 힘들다

거칠고 메마른 바닥을
오랫동안
애벌레로 기는 것보다
훨씬 어렵다
—「우화」 전문

완전 변태를 하는 나비의 경우 애벌레의 기간은 길고 번데기의 기간은 짧다. 흉측한 번데기에서 아름다운 나비가 탄생하는 것을 어찌 상상할 수 있으랴. 번데기의 혁명적인 변신이 이루어지기 위해서 번데기는 딱딱한 껍질 속에 인고의 시간을 보내야 한다. 그래서 시인은 번데기의 명상의 시간이 악몽처럼 지루하다고 했다. 애벌레와 비교할 때 번데기로 사는 기간이 짧지만 애벌레로 거친 바닥을 기는 것보다 번데기의 인고의 노력이 훨씬 힘겹다고 본 것이다.

인생의 경우도 이와 같아서 오랫동안 고생을 했다고 해서 중요한 것이 아니라 마지막 자기 변신을 위한 고뇌의 시간이 정말 의미 있는 것이다. 그러한 번데기의 고뇌와 노고를 「번데기」라는 시에서 표출했다. 애벌레 시절은 오히려 철없는 행복한 시절이었고 번데기가 되어 고치 속에 들어앉은 자신의 모습을 나비가 되는 꿈을 잊은 무력한 일상의 존재로 표현했다. 이것은 자신의 실체를 파악하려는 노력의 일환이다.

김현식 시인은 일상의 무료함에서 변화를 꾀하려는 생각에서인지 생활의 변화를 이루었다. 번데기에서 나비가 되는 변신은 하지 않았지만 종합병원 원장 직에서 물러나 개인병원을 개업했다. 그것도 생물의 진화라면 진화이고 변신이라면 변신이다. 그는 자신의 인생 전환을 대학에서 대학원으로 진학한 것으로 비유하여 다음과 같은 시를 썼다.

늦게나마 인생대학을 졸업하고
인생대학원에 입학하였다
어렵게 받은 수료증을 고이 모셔놓고
어렵다고 소문난 인생대학원에
도전장을 던진 것이다
새로운 커리큘럼과 전혀 다른 모습의
교수들은 새로운 세계에 대한 교육을 위해
미리 대기하고 있는 듯 했다

항상 보아오던 캠퍼스였지만
투명하고 만질 수 없는 울타리가
둘러져 있다는 것을 까맣게 모르고 있었다
울타리를 넘어 온 사람만이 깨달을 수 있는
다른 모습들, 다른 삶의 프로그램들,
구태의연한 학부생활을 마감하고
어렵지만 개원이라는 새로운 인생대학원에
입학한 감회를 어찌 말로 표현할 수
있겠는가

—「인생 대학원」 전문

시 끝 부분에서 "개원이라는 새로운 인생대학원에 입학"했다는 말을 했으니 이 시의 내용을 충분히 파악할 수 있을 것이다. 일반적으로 개인병원을 개원하는 것은 젊은 시절에 하는 일인데 김현식 시인은 대형 종합병원에 장기간 근무하다가 대학교수로 정년퇴직할 나이에 개원을 했기 때문에 감회가 특별했을 것이다. 그래서 시의 첫 행에 "늦게나마"라는 말을 했다. 이 말에는 늦게라도 개원을 했으니 자유롭고 독자적으로 자신의 일을 할 수 있게 되었다는 자긍심과 새로운 사업의 미래에 대한 의구심이 함께 얽혀 있다. 그래서 "어렵다고 소문난 인생대학원에 도전장을 던진 것"이라고 말한 것이다.

종합병원 의사나 개인병원 의사나 같은 직종이어서 대학과 대학원이라는 학술적 연결의 비유를 했지만 지금까지 수술과 진료만 한 전문인으로서 운영과 관리를 직접 한다는 일이 쉬운 일이 아니다. 새로 배우고 터득해서 해결해야 할 일이 많을 것이다. 그래서 "새로운 커리큘럼"과 "새로운 세계에 대한 교육"

이라고 표현했다. 자신의 삶을 둘러싼 또 하나의 울타리가 형성되었다는 사실에 그는 내심 당황하고 있다. "다른 삶의 프로그램"을 요구하는 새로운 인생대학원에 발을 디딘 감회를 솔직하게 고백적으로 표현했다.

의사로서의 다양한 활동 속에서 김현식 시인의 마음에 일관되게 흐르는 물길은 순수 지향의 정신이다. 그가 시를 쓰는 것은 그의 내부에 자리 잡고 있는 순수에 대한 향심을 지키기 위해서다. 그것은 다음 두 편의 시에서 뚜렷이 확인된다.

> 잔잔한 평화와 기쁨을 가져다주는
> 천사가 보고 싶은가
> 먹때알 눈을 감고 세상 위를 유영하는
> 아가 모습을 들여다보아라
>
> 가슴 시린 아련한 추억의 골짜기를 지나
> 눈가의 주름 같은 연민의 산을 넘어서
> 굵어진 뼈마디와 거칠어진 손으로
> 인내와 사랑의 강을 노 젓고 있는
> 파란만장한 생의 그늘을 엿보고 싶은가
> 고단한 삶의 틈바구니를 벗어나 잠시
> 멀리 흘러가버린 흰 구름의 전설을 기억해내고 있는
> 아내의 잠든 얼굴을 들여다보아라
>
> —「천사와 그늘」 전문

> 굳은 흙더미를 밀어 올리는
> 연둣빛 싹의 눈이 보일 때

무거운 침묵 속에서
밝은 미소 하나 반짝일 때

마비되었던 하반신
발가락이 꼼지락거리기 시작할 때

오래된 상처에서 새살 돋는 기쁨이
너에게 옮아갈 때
—「소녀의 기도」 전문

이 시편에서 볼 수 있는 것처럼 김현식 시인은 일상의 생활 속에서 순수를 발견하고 그것을 향한 마음을 키워간다. 아무리 사소한 것이어도 순수의 형상은 귀중한 것이다. 까마중 열매처럼 검은 눈을 감고 신비로운 세상을 유영하는 것 같은 아가의 모습이나 파란만장한 생의 그늘에서도 연민과 사랑의 행로를 잃지 않는 아내의 잠든 모습이 순수의 표상이다. 그것이 힘든 세상을 살아가게 하는 기쁨이고 희망의 원천이다. 굳은 흙더미를 밀어 올리는 연둣빛 싹, 무거운 침묵 속에 반짝이는 밝은 미소가 생의 원동력이다. 마비되었던 다리의 발가락이 움직일 때 나오는 기적의 경이감이나 오래된 상처에서 새살이 돋을 때 얻게 되는 천진한 기쁨은 동질적이다.

이 모든 것이 바로 순수의 정신이요 천진의 향심이다. 김현식 시인의 시정신의 원천은 바로 여기에 뿌리를 두고 있다. 그의 눈은 청징하고 섬세하다. 그는 우리 몸의 미세한 혈관과 내장의 숨은 계곡과 습지를 밝은 눈으로 탐사한다. 그리고 그 순수의 정신으로 세상과 인생을 관찰하여 시를 쓴다. 순수와는 너무나도 거리가 먼 세상의 어두운 구석이나 부패한 현실에 환멸을 느끼기도 하지만, 종국에는 다시 맑고 고운 곳을 바라보며 순수 지향의 몸짓을 일관되게 지켜 간다. 순수한 세계를 끝까지 추구하려는 그의 걸음이 조금 느려 보이지만 특유의 천진함으로 각박하고 삭막한 세계를 물리치며 정직한 거북이처럼 별이 빛나는 저곳을 향해 조금씩 전진하고 있다. 그의 고독하고 빛나는 항해에 뜨거운 공감의 박수를 보낸다.

김현식

김현식 시인은 전남대학교 의과대학을 졸업했고, 전주예수병원에서 외과과장을 지냈다. 2006년『애지』로 등단했고, 시집으로는『나무늘보』가 있으며, 산문집으로『시의 향기香氣』가 있다. 대한대장항문학회 부회장과 대장항문전문병원인 서울송도병원 병원장을 역임했으며, 2009년도에는 '포브스 코리아 100대 명의名醫'로 선정되는 영예의 관冠을 쓰기도 했다. 현재는 '시인-의사'로서 충북 충주에서 '두리장사랑 외과의원 원장'으로 활동을 하고 있다.
시인은 인간의 영혼을 치료해 주는 사람이고, 의사는 인간의 병든 육체를 치료해 주는 사람이다. 김현식 시인의 두 번째 시집인『꿈길』은 '시인-의사의 길'이며, 그는 이 '시인-의사의 길'을 너무나도 순수하고 정직하게 걸어간다. 그 '꿈길'은 순수지향의 길이고, 세계평화와 만인평등의 길이라고 할 수가 있다.

이메일 : mdkhs@hotmail.com

김현식 시집

꿈길

발　행 2016년 9월 28일
지은이 김현식
펴낸이 반송림
편집디자인 김지호
펴낸곳 도서출판 지혜
　　　계간시전문지 애지
기획위원 반경환 이형권 황정산
주　소 34624 대전광역시 동구 선화로 203-1, 2층 도서출판 지혜 (삼성동)
전　화 042-625-1140
팩　스 042-627-1140
전자우편 ejisarang@hanmail.net
애지카페 cafe.daum.net/ejiliterature

ISBN : 979-11-5728-205-0 03810
값 9,000원